AF581833

UNE MÉTHODE DE CRITIQUE
ET
DE CLASSEMENT DES MANUSCRITS

Le travailleur qui, de nos jours, met la main à une édition de texte ancien est facilement et abondamment informé sur les manuscrits qui nous ont conservé ce texte : il a, en outre, des moyens bien supérieurs à ceux d'autrefois pour se procurer les photographies ou les collations qui lui fournissent le matériel nécessaire à son édition. Mais cette richesse même est pour lui une source d'embarras. Avec le nombre des témoins de son texte s'accroît la multiplicité des leçons diverses que ceux-ci lui donnent et de là naissent les problèmes en foule. Comment faire un choix entre les formes rivales qui se présentent souvent avec une égale valeur intrinsèque ou des degrés de probabilité à peine perceptibles? L'éditeur, immédiatement, se préoccupe d'établir entre ses témoins manuscrits une chronologie, une succession et une hiérarchie, et deux méthodes se présentent à lui pour atteindre ce but : la méthode historique à laquelle Ludwig Traube a attaché son nom, à notre époque, parce qu'il l'a remarquablement exercée et perfectionnée, mais qui, au fond, a été en usage dans tous les temps, et la méthode philologique dont dépendent presque tous les éditeurs depuis le début du XIXe siècle.

La méthode historique recherche où les manuscrits ont été écrits et à quelle date, et si des témoignages extrinsèques au texte lui-même nous renseignent sur leurs rapports de descendance réciproque ou vis-à-vis de l'original. Lorsque cette méthode peut être appliquée et donne des résultats pour l'ensemble de la tradition manuscrite d'une œuvre quelconque, tout est pour le mieux.

Depuis que Traube nous a démontré que le manuscrit de Saint-Gall de la règle de saint Benoît a des relations directes avec l'autographe du Patriarche des moines d'Occident, tous les éditeurs s'accordent pour donner la préférence à ce manuscrit sur des témoins notablement plus anciens de la Règle, et l'examen intrinsèque du texte ne peut que les confirmer dans ce système.

Malheureusement les cas où la méthode historique donne des solutions aussi nettes sont rares : elle n'apporte d'ordinaire que des indications incomplètes et l'éditeur doit recourir à la méthode philologique. Celle-ci emploie un très grand nombre d'arguments, mais, essentiellement, elle s'appuie sur la connaissance générale de la langue dans laquelle est écrite l'œuvre à éditer et, plus particulièrement, de la langue de l'auteur de cette œuvre. Elle classe les manuscrits d'après leurs fautes communes : partant de ce principe que l'erreur ne peut être primitive dans un texte normal, mais est le fruit d'une intervention subséquente qui, du même coup, provoque une bifurcation dans la tradition du texte — d'un côté le manuscrit fautif et sa dépendance, et de l'autre les manuscrits qui n'ont pas la faute — elle considère que les erreurs communes à un groupe de témoins sont l'indice qu'ils se placent tous du même côté de la tradition bifurquée, et, par suite, forment une famille.

Un exemple désormais classique de classement des manuscrits, par la méthode des fautes communes, est le classement des manuscrits du *Lai de l'Ombre* auquel M. Bédier s'était arrêté dans sa première édition de ce poème. Les manuscrits employés sont au nombre de sept : ABCDEFG.

1) Les manuscrits A et B, très voisins l'un de l'autre, s'opposent souvent aux cinq autres manuscrits, et plusieurs des leçons qu'ils ont en propre sont fautives...

2) Il en va de même des manuscrits C et G...

3) A leur tour les manuscrits DEF offrent en quelques passages des leçons que l'on peut tenir pour un remaniement de la leçon donnée par les autres manuscrits. Nous avons donc

$$\widehat{A\ B} \qquad \widehat{C\ G} \qquad \widehat{DEF}$$

4) En trente-trois passages au moins, les manuscrits ABCG donnent une certaine leçon et les trois autres en donnent une certaine autre... De ces trente-trois passages il en est au moins quatre

où la leçon ABCG comparée à la leçon concurrente apparaît comme moins bonne ; nous écrivons donc

5) Inversement de ces quatre passages, il en est au moins deux où la lecon DEF comparée à la leçon concurrente semble moins bonne...

Si l'on tient pour bien interprétés quelques-uns des faits rangés dans ces cinq catégories, concluait M. Bédier, on pourra réputer acquis le classement des manuscrits : on admettra que ABCG remontent, par l'intermédiaire de deux manuscrits perdus *v* et *w*, à un même manuscrit déjà fautif *x* — que, d'autre part, DEF remontent à un autre manuscrit perdu déjà fautif *y* — et que *x* et *y* sont deux dérivés indépendants l'un de l'autre du manuscrit original O

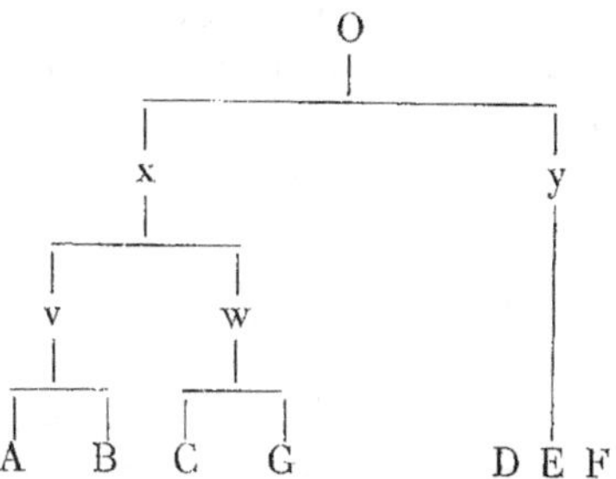

Le classement sur les fautes communes de la méthode philologique présente un grave défaut que M. Bédier lui-même s'est appliqué, plus que personne, à mettre en relief : il aboutit presque fatalement à la division des témoins en deux familles principales, après les avoir subdivisés en groupes de doubles sous-familles : la dichotomie qui est à la base même du procédé en est la cause.

Je fais à la méthode philologique un autre reproche : c'est qu'en procurant le classement des manuscrits à partir des fautes communes, elle introduit avant l'heure l'idée d'original dans les préliminaires de la critique du texte où seule l'idée d'archétype des manuscrits conservés devrait intervenir.

Mais il est un troisième inconvénient du classement par les fautes communes qui est celui dont, personnellement, j'ai été le plus frappé au cours des travaux préparatoires à l'édition de la Vulgate, c'est son inaptitude à résoudre les problèmes que présente la transmission compliquée des textes que j'appelle vivants. Et ici quelques mots d'explication sont nécessaires.

La Bible, dont la Vulgate est une des versions latines, est le livre qui a été, tout à la fois, le plus souvent copié et le plus religieusement respecté. Mais le respect qu'on a eu pour lui s'est manifesté sous deux formes différentes : on en a transcrit le texte avec un soin extrême et, en même temps, on a toujours cherché à le purger des fautes vraies ou supposées dont on le croyait déparé. De là une vie intense. Une faute qui s'introduit chez lui, et qui dans d'autres textes persévérerait presque indéfiniment, ne se transmet que sur un espace restreint de la tradition, et on revient après quelques exemplaires à la leçon primitive; une correction heureuse ou malheureuse est admise un certain temps et on retourne à la leçon traditionnelle. Cette contexture particulière des textes vivants peut être rendue par la figure que voici. Supposons une tradition réelle de huit ou dix manuscrits qui se sont succédé historiquement dans l'ordre :

A	o	o	+
B	o	o	+
C	o	+	+
D	o	+	o
E	+	+	o
F	+	+	+
G	+	+	+
H	+	+	+
J	o	o	o
K	o	o	o

Une première leçon, que je représente ici par un rond : o, se transmet de A à B, puis à C, puis à D. En E s'introduit une faute ou une correction qui persévère en FG et H, et J retourne à la leçon antérieure et la transmet de nouveau à K. Sur un autre point du texte, A et B ayant la même leçon, CDEFGH représentent la leçon rivale, puis J et K retournent à la leçon de AC, et ainsi pour les autres cas. Il saute aux yeux que si la leçon commune à ABJK était considérée comme une faute commune apte à grouper ces quatre manuscrits en une famille, nous nous engagerions dans une voie erronée pour notre classement, puisque l'ordre réel dans lequel les manuscrits ont été copiés est ABCD, etc., B étant issu de A, C de B, D de C, etc.

C'est pour dompter cette complexité, c'est pour arriver malgré elle à classer mes manuscrits de la Vulgate que j'ai, il y a une quinzaine d'années, commencé à étudier ceux-ci par petits groupes de trois, espérant trouver dans les groupements partiels que je pourrais ainsi plus facilement obtenir, les éléments du classement général : je voulais, en abordant la chaîne de la tradition sur un point quelconque, la reconstituer toute entière, anneau par anneau, et dans tous les sens.

Peu à peu, et à travers bien des tâtonnements et des insuccès qui ont été pour moi d'utiles leçons, je suis arrivé à me constituer une méthode qui ne s'appuie ni sur l'histoire, ni sur la philologie, que j'avais reconnues impuissantes à me fournir les solutions cherchées, et c'est cette méthode que je vais exposer ici.

* * *

Le travail de l'éditeur peut être divisé en trois moments. Le premier est celui où il analyse les rapports des manuscrits entre eux pour obtenir leur classement réciproque; le second est celui où il synthétise les rapports qu'il a reconnus, sous la forme d'une généalogie ou *stemma codicum* d'où découle le canon critique destiné à régir l'établissement du texte, et le troisième est rempli par cet établissement du texte, c'est-à-dire par l'édition proprement dite.

Au premier stade, celui de l'analyse des rapports que les manuscrits ont entre eux, qu'avons-nous devant nous? Un ensemble plus ou moins considérable de copies dont chacune concorde avec les autres sur la plupart des points, mais en diffère cependant dans un certain nombre de passages. C'est en analysant ces concordances et ces différences que nous arriverons à découvrir les relations des manuscrits entre eux et leur ordre de succession. Et à quoi aboutira finalement cette filiation lorsque nous l'aurons reconstituée? A un manuscrit quelquefois conservé, mais le plus souvent perdu, qui est le prototype de toute la tradition existante. Il va de soi que ce prototype sera plus d'une fois l'original même de l'auteur, mais nous en aurons bien rarement la certitude et, en tout cas, en l'absence de témoignages extrinsèques, nous ne le saurons jamais lorsque nous nous mettrons pour la première fois en présence d'une traduction manuscrite à débrouiller.

Il suit de là qu'au début de nos opérations de classement une distinction essentielle s'impose, celle de l'original de l'auteur et de l'archétype des manuscrits conservés, et qu'une autre distinction doit être écartée, celle des erreurs et des bonnes leçons. Puisque nous ne savons jamais si nous rejoindrons l'original lui-même, puisqu'il est toujours possible que l'archétype des manuscrits conservés soit fort éloigné de cet original et même soit un mauvais exemplaire, puisque, même dans le cas où original et archétype se confondent, c'est toujours sous l'aspect archétype que notre tradition manuscrite va les rejoindre, il est évident que ce que nous devons viser tout d'abord, c'est l'archétype et non l'original.

Dès lors, nous rejetterons la distinction des bonnes et des mauvaises leçons que la méthode des fautes communes met à la base même du classement, parce qu'une leçon n'est bonne ou mauvaise qu'au regard de l'original, et nous ne verrons dans les particularités textuelles sur lesquelles nos manuscrits s'accordent ou discordent, que des formes diverses dont nous dresserons des listes que nous traiterons par des procédés de comparaison et de statistique analogues à ceux dont font usage les sciences expérimentales.

Nous ferons d'abord, de tout notre texte, s'il est court, ou bien de parties seulement de ce même texte, s'il est trop long, des collations qui porteront sur tous les manuscrits que nous pouvons en atteindre et qui devront être rigoureusement complètes. Les variantes que nous aurons recueillies par rapport au texte-base seront, du point de vue du nombre de leurs témoins, de trois catégories. Les unes n'auront qu'un seul témoin et, par suite, n'auront aucune utilité pour l'étude des relations que les manuscrits ont entre eux, les autres n'auront qu'un très petit nombre de témoins ; nous leur demanderons des indications qui pourront être très précieuses pour le classement. Si, en effet, nous relevons un certain nombre de fois la répétition des mêmes petits groupements de manuscrits AD, ADE, AE, DE, nous conclurons que ADE ont entre eux des rapports spéciaux. Mais l'instrument principal de notre classification sera la troisième catégorie, celle des variantes à témoins multiples. Nous avons, je suppose, dix, quinze, vingt manuscrits : les variantes qui réunissent quatre, cinq, dix témoins rentrent dans cette catégorie et c'est sur elle, principalement, que nous allons travailler.

Nous constituerons, par leur moyen, ce que j'appelle un apparat positif. Nous avons dix manuscrits ABCDEFGHJK ; en un premier endroit où le texte-base porte *ab operibus*, cinq manuscrits donnent *pro operibus*, ce sont BCFJK, j'écris :

ab operibus
pro operibus BCFJK

et je complète en relevant aussi les sigles des témoins du texte-base : ADEGH

1 { *ab operibus* ADEGH
pro operibus BCFJK

Second endroit : texte-base *et cognovit*, variante *et liberavit* :

2 { *et cognovit* CDEHK
et liberavit ABFGJ

et ainsi de suite :

3 { *similae* CEFG
similam ADHJK
similem B

4 { *prope* BDEFK
propter ACGHJ

5 { *ei* CDEFGJ
eis ABHK

6 { *interrogat* DHJK
interrogavit ABCEFG

Si j'appelle cet apparat un apparat positif, c'est qu'à la différence des apparats ordinaires, où l'on ne relève que les témoins des leçons-variantes, il contient aussi les sigles témoins des leçons-bases; j'obtiens ainsi une série de groupes de formes textuelles : dix, vingt, trente, cinquante, quatre-vingt-dix, selon les cas et la longueur du texte, et, à chacun de ces groupes, *tous* les témoins de ma tradition manuscrite se trouvent distribués en séries d'une infinie variété, à la suite de chacune des formes pour lesquelles ils militent. Et c'est de la comparaison de *toutes ces combinaisons sans exception*, répétée à l'occasion de *chaque recherche partielle*, que je fais sortir les donnés analytiques du classement. Il n'y a là place ni pour l'arbitraire, ni même pour le hasard.

On me dira peut-être : cela sera passablement compliqué! Il se peut. Mais en fait, ce qui est compliqué ici, ce n'est pas la méthode que je propose; ce sont les rapports mêmes des manuscrits entre eux, et cette complication-là, nous ne la supprimerons pas en refusant de la considérer : il faut la vaincre ou être joués par elle. Elle s'évanouira d'ailleurs bien vite, comme on va voir, si nous nous appliquons à la disséquer méthodiquement.

Tout d'abord, tous les groupes de formes variées que nous donnent nos manuscrits ne sont pas aptes à procurer le classement; il faut faire un choix parmi eux, et ce choix doit se faire pour des motifs adaptés à la nature des documents sur lesquels nous travaillons et au but que nous poursuivons. Nous voulons savoir dans quel ordre nos manuscrits se succèdent et si c'est B qui est dérivé de A, ou si ce n'est pas plutôt D ou F ou tout autre manuscrit : ce qui doit nous préoccuper avant tout, c'est la psychologie des copistes, ce sont leurs habitudes : les leçons que nous retiendrons devront être celles qui auront le plus de chance d'avoir été transcrites exactement par eux et par suite d'indiquer les successions réelles; au contraire, nous éliminerons celles sur lesquelles il leur est trop facile de s'éloigner de leur type. Prenons pour exemple le texte du chapitre XVIII de la Genèse.

Le texte porte : *Apparuit autem ei Dominus in convalle Mambre, sedenti in ostio tabernacнli sui, in ipso fervore diei. Cumque elevasset oculos, apparuerunt ei tres viri stantes prope eum : quos cum vidisset cucurrit in occursum eorum de ostio tabernaculi et adoravit in terram.* Les variantes, attestées par un nombre plus ou moins grand de témoins, sont : *autem* om.; *illi* pour *ei; dominus ei; in convallem*; *mambrae, mamre, manrae, manbre; levasset; oculos suos; propter* pour *prope*, etc. Je ne me sers pas de l'omission de *autem*, ni de la variante *illi* pour *ei*, parce qu'elles n'ont qu'un seul témoin. L'inversion *dominus ei*, attestée par trois manuscrits seulement, est une variante à témoins rares. *In convallem* a des témoins plus nombreux, mais c'est une variante trop peu réelle à cause de son origine possible *ē*. J'élimine de même les formes du nom propre : *mambrae, mamre, manrae, manbre.* Pure orthographe que *hostio* et *hostes* dont les témoins sont assez nombreux. Mais *levasset* et *elevasset* à témoins nombreux sont des variantes réelles que le copiste reproduira probablement de son manuscrit-type : ce sont donc des formes à retenir comme aptes à procurer le classement. De même : *oculos* et *oculos suos*, puis *prope* et *propter* au même verset, cas excellents. L'omission de *eum* n'a qu'un témoin; la forme *occurrit* opposée à *cucurrit* serait apte, mais elle n'a que des témoins rares. *Eius* opposé à *eorum* n'a qu'un témoin; *hostio, hosteo, ostia* ne sont que des différences orthographiques, donc inaptes; mais *tabernaculi* et *tabernaculi sui*, variantes à témoins multiples, sont à retenir. Au contraire *in terra* et *in terram* sont à rejeter, comme plus haut *in convalle* et *in convallem.*

D'une façon générale, il n'y a pas lieu de retenir, pour les faire servir au classement, les différences de formes purement orthographiques, comme *reperit* et *repperit*, ni celles qui proviennent d'une mauvaise prononciation du dictateur, comme *tepidae* et *debitae;* ces dernières donnent lieu à des fautes tellement grossières qu'elles doivent attirer facilement l'attention des copistes. Des séries trop riches, comme *pauxillum*, *pausillum*, *paxillum*, *pasillum*, *pauxillulum* (nous en avons un exemple au verset 4 de ce chapitre XVIII de la Genèse), sont à écarter, car la multiplicité des formes en présence montre que les copistes hésitaient devant le mot et, par suite, étaient portés à le corriger. De même, il n'y a pas lieu de retenir les particularités trop considérables comme les interpolations, les lacunes, les corrections portant sur des passages ayant une importance quelconque, religieuse ou historique : de telles particularités viendront par la suite, cela va de soi, corroborer le classement ou inviter à le vérifier plus attentivement si elles s'élèvent contre lui, mais elles sont peu aptes à le procurer : ce que nous devons chercher et retenir, ce sont les formes réellement diverses, assurément, mais humbles, qui nous renseignent le plus exactement sur la dérivation des exemplaires, parce que les copistes placés en leur présence les auront transcrites, pour ainsi dire, sans y penser. Et ne craignons pas que de tels groupes de formes nous manquent : dès que le texte a une certaine étendue, nous trouvons facilement les vingt, trente, quarante ou cinquante groupes qui suffisent largement pour établir un classement.

Nous voilà donc en possession de l'apparat positif pour la confection duquel nous aurons fait appel à toute notre conscience dans la documentation, à tout notre esprit critique et à toute notre bonne foi : c'est le moment d'appliquer à ces vingt, trente, quarante ou cinquante groupes de formes et aux combinaisons que réalise sur chacun de ces groupes l'ensemble intégral de notre tradition manuscrite, les procédés adaptés d'une statistique que j'ose appeler scientifique. Nous aurons l'air, je le reconnais, de travailler comme des machines, mais, après la préparation clairvoyante à laquelle nous venons de nous livrer, je ne pense pas que personne puisse nous reprocher de travailler en aveugles.

L'opération essentielle que nous aurons à poursuivre est la

comparaison de nos manuscrits par groupes de trois, de manière à découvrir les intermédiaires grâce auxquels nous pourrons établir la généalogie de nos formes textuelles, car, nous ne l'oublions pas, c'est toujours de classement qu'il s'agit actuellement.

Je suppose que trois manuscrits donnés, soit AB et C, ont entre eux un rapport réel de dépendance, c'est-à-dire sont copiés l'un sur l'autre; ce rapport, suivant les cas, sera l'un des suivants :

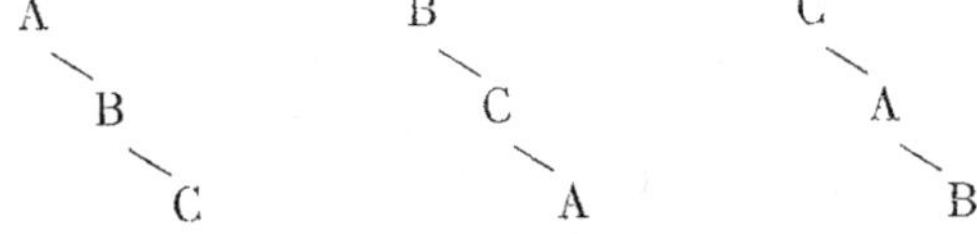

ou bien, en retournant les figures :

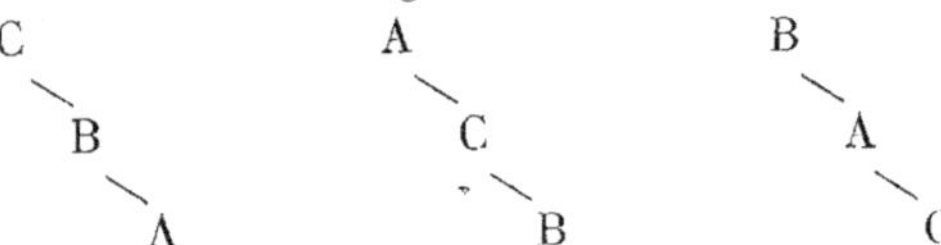

ou encore, en modifiant la position des extrêmes :

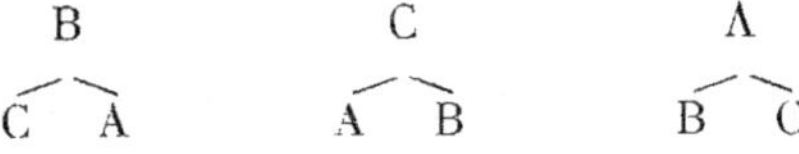

ou enfin, en renversant encore :

A C   B A   C B

B   C   A

Toutes ces figures sont différentes; mais il y a chez elles un élément qui n'a pas changé, c'est la série des intermédiaires BCA; si variées que puissent devenir les positions des termes extrêmes, l'intermédiaire reste immuable. Quelle que soit, par suite, la diversité des combinaisons auxquelles puissent se prêter trois manuscrits qui ont entre eux un rapport réel de dépendance, ce qui nous importe avant tout c'est de savoir lequel des trois est intermédiaire entre les deux autres, car cette connaissance nous donne l'élément essentiel de tous leurs rapports possibles.

Mais à quel signe reconnaître que c'est tel ou tel de ces trois manuscrits qui est l'intermédiaire entre les deux autres? Rien n'est plus simple : de ces trois manuscrits, l'intermédiaire est celui contre lequel les deux autres ne s'accordent jamais.

C'est A, je suppose, qui est l'intermédiaire entre B et C : nous aurons souvent B d'accord avec lui contre C, ou C d'accord avec lui contre B, comme dans ces exemples :

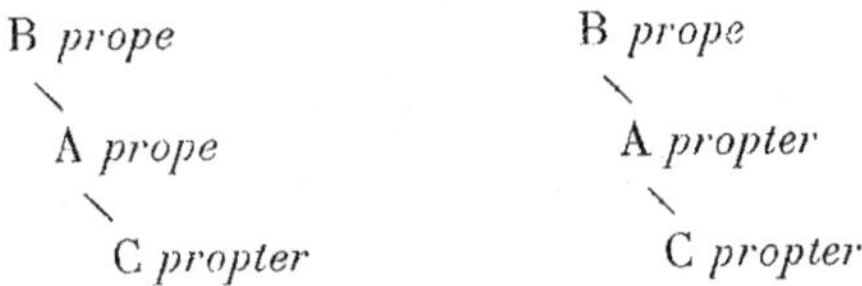

On comprend, en effet, que *prope* passe de B en A, puis que dans C s'introduise la leçon *propter*, ou bien que B ayant *prope*, A corrige *propter* et transmette cette leçon à C, mais, si l'ordre de succession des trois manuscrits est bien BAC, on ne pourrait pas comprendre et on ne pourrait pas admettre que la figure suivante se réalisât habituellement :

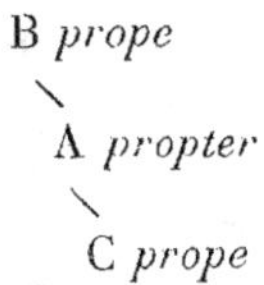

Le cas peut se produire une fois en passant, il ne peut être constant dans une tradition normale. Que l'on se reporte par exemple aux séries de croix et de ronds que j'ai accolées ci-dessus, p. 153, aux sigles de manuscrits supposés dépendants les uns des autres dans l'ordre ABCDEFHJK. Si nous prenons des groupes de trois manuscrits voisins, nous constatons toujours ou que les trois sont semblables, ou que les extrêmes sont différents. Ce serait seulement dans le cas où une variante n'aurait eu qu'un seul témoin et où l'on serait tout de suite revenu à la leçon précédente, que nous aurions les deux extrêmes d'accord contre le manuscrit intermédiaire, mais ce cas est nécessairement exceptionnel. L'intermédiaire est donc celui contre lequel les deux autres ne s'accordent pas et, ce principe une fois reconnu, il n'y a plus qu'à rechercher à l'aide de notre apparat positif quels sont les groupes de trois manuscrits dans lesquels deux de ces manuscrits ne s'accordent jamais contre le troisième.

La formule que j'ai proposée pour faire cette statistique est la suivante : voici trois des manuscrits de notre spécimen d'apparat positif (cf. ci-dessus, p. 156) : AEK. Leurs accords et leurs désaccords totaux ne peuvent pas nous renseigner sur le cas qui nous intéresse, mais l'accord de EK contre A, ou de AK contre E, ou de AE contre K nous donnent les réponses cherchées ; j'écris donc, en donnant au signe > la signification *contre* :

A < E K =
A > E < K =
A E > K =

Mon travail de statisticien consistera à pointer les groupes de mon apparat positif où chacune de ces possibilités se réalise. Rien n'est plus simple, et un enfant s'acquitterait de cette tâche en jouant : l'accord de E et de K contre A se réalise aux groupes 2 et 4 de l'exemple ; l'accord de AK contre E aux groupes 3 et 5, etc... :

A < E K = 2. 4.
A > E < K = 3. 5.
A E > K = 1. 6.

Si l'apparat positif comprenait vingt ou cinquante groupes, il n'y aurait qu'à continuer le pointage jusqu'au dernier : dès maintenant, cependant, nous pouvons constater que dans cette comparaison de AEK il n'y a pas d'espoir de trouver d'intermédiaire, car EK s'accordent déjà deux fois contre A ; AK contre E et AE contre K.

Prenons trois autres manuscrits FGH. Le résultat de la comparaison est :

F < G H = 1. 4.
F > G < H =
F G > H = 2. 3. 5. 6.

Ici, au contraire, si les résultats des comparaisons continuaient à s'inscrire uniquement à GH contre F et à FG contre H, nous découvririons un intermédiaire, car FH n'étant jamais d'accord contre G, nous aurions le cas cherché, à savoir un groupe ou deux des manuscrits ne donnant jamais ensemble une leçon contraire à celle du troisième.

Tel est l'essentiel de ma méthode de comparaison des manuscrits en vue de leur classement. Nous aurions pu faire, au préalable, une série de comparaisons par deux qui nous auraient donné des indications intéressantes, destinées surtout à réduire le nombre des comparaisons par trois ; mais ces comparaisons par deux, d'une extrême simplicité, ne sont nullement nécessaires. Ce sont les comparaisons par trois qui nous révèlent l'existence des groupes contenant des intermédiaires et c'est là, au fond, tout ce que nous cherchons pour établir notre *stemma codicum* ou généalogie des manuscrits. Cette méthode peut paraître un peu longue : elle est, au contraire, très expéditive, car en quelques heures le résultat est obtenu. C'est une expérience que j'ai faite bien souvent. Or, je le demande aux éditeurs de textes qui me font l'honneur de me lire, combien de semaines, souvent, ne leur a-t-il pas fallu pour voir clair dans la succession et le rapport des manuscrits qu'ils employaient?

La comparaison des manuscrits par trois nous fait connaître les groupes qui contiennent un intermédiaire; elle nous découvre dans chacun de ces groupes cet intermédiaire, mais elle ne va pas plus loin. Nous avions tout à l'heure :

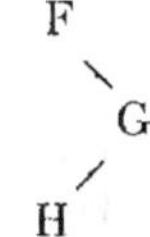

GH 2 fois — FG 4 fois — FH jamais. — G est donc l'intermédiaire; mais dans quel ordre faut-il disposer la série?

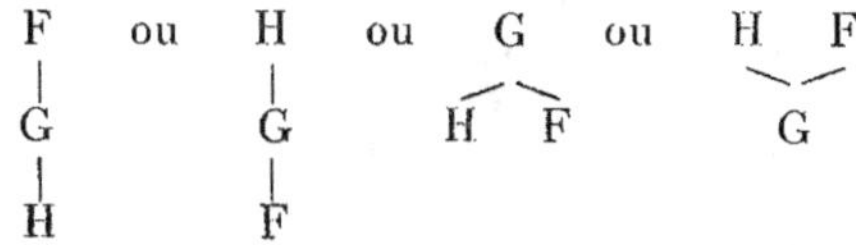

La seconde phase de nos opérations critiques donnera la réponse à cette question. Je serai bref ici, car, à partir de ce moment, nous retombons dans les méthodes habituelles. L'idée de faute, de leçon bonne ou mauvaise, que nous avons écartée au début, peut reparaître sans danger, elle ne peut plus désormais vicier notre classement. Si F, par exemple, nous donne habituellement des leçons moins bonnes que H, il va de soi qu'il faut disposer la série dans le sens H et non dans le sens F

Si H et F nous donnent habituellement des leçons moins bonnes

que celles de G et qui apparaissent en outre comme des déformations de celles-ci, la disposition qui s'impose, c'est G

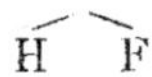

et ainsi de suite. Il suffira souvent d'avoir fixé la direction d'un seul des groupes pour que celle de tous les autres soit par le fait même imposée.

Ainsi G viendrait compléter G en donnant G

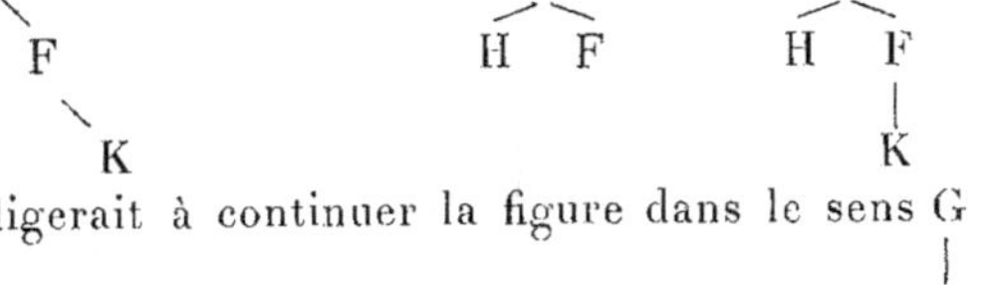

et L obligerait à continuer la figure dans le sens G

Tout ceci, encore une fois, est du ressort des méthodes courantes.

Il y a une construction cependant à laquelle on ne prend peut-être pas d'ordinaire assez garde : c'est celle de l'intermédiaire perdu.

Lorsque nous constatons que G est intermédiaire entre H et F, nous sommes naturellement portés à écrire :

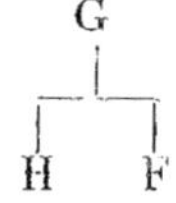

il serait tout aussi juste d'écrire :

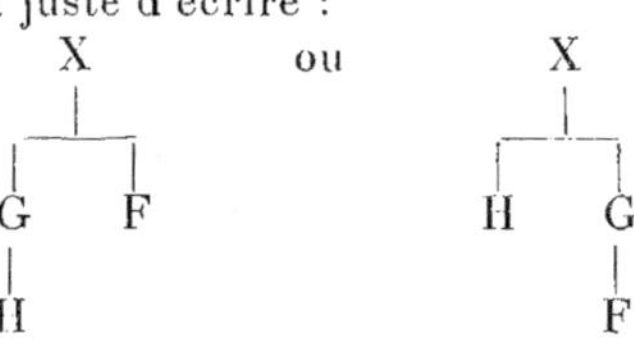

Car G, dans ces deux derniers cas, est toujours réellement intermédiaire entre H et F. C'est là que réside actuellement, par exemple, le problème de la tradition de Tacite si brillamment posé par M. Grat. La comparaison des manuscrits vaticans avec le *Mediceus* a montré que celui-ci était intermédiare entre l'ensemble des *Vaticani* Q. (Vat. 1863), etc., et le Ms. S. (Vat. 1958). Notre méthode en procurant cet important résulat a rempli son rôle : faut-il maintenant exprimer le rapport de M (*Mediceus*), intermédiaire entre Q et S, sous la forme :

```
      M          ou        X       ou encore      X       etc.?
      |                    |                      |
   ---+---              ---+---                ---+---
   |     |              |     |                |     |
   Q     S              M     S                Q     M
                        |                            |
                        Q                            S
```

C'est là affaire de critique interne et j'espère bien que M. Grat reprendra quelque jour le problème pour le pousser jusqu'à la solution définitive.

Une remarque encore sur la position réciproque des manuscrits dans les *stemmata* obtenus par notre méthode : on m'a reproché d'établir des successions dans lesquelles un manuscrit du VIIIe siècle était donné comme un dérivé d'un autre du Xe siècle. Ceci est très facile à expliquer et ce phénomène est, j'ose le dire, de ceux qui font le plus d'honneur à un classement. Ce que nous avons, en effet, comparé à l'aide de notre apparat positif, ce sont des formes textuelles : *ab operibus* et *pro operibus*, *cognovit* et *liberavit*, *prope* et *propter*. Les sigles des manuscrits placés à la suite de ces formes et militant pour chacune d'elles représentaient bien les manuscrits, mais seulement en tant que tenants de la forme textuelle. La hiérarchie établie entre eux n'est donc au fond qu'une hiérarchie et une succession établie entre les formes textuelles. Au lieu de dire : manuscrits ABC, il serait plus juste et plus exact de dire : type de texte A, type de texte B, type de texte C. Or, un manuscrit du VIIIe siècle peut fort bien réprésenter un type de texte postérieur au type plus ancien copié dans un exemplaire du Xe siècle. Encore une fois ce résultat de nos classements ne peut être qu'apprécié par les éditeurs qui recherchent quelle est la forme textuelle à préférer aux autres.

* * *

Le *stemma*, quand il est construit, affecte la forme d'un arbre renversé à une, deux, trois branches ou plus. A la différence de la méthode des fautes communes, qui aboutit presque fatalement à l'arbre à deux branches, comme l'a surabondamment prouvé M. Bédier, notre méthode donne tantôt une construction et tantôt l'autre, suivant les cas. Il n'y a plus, pour établir le texte, et c'est là la troisième phrase, qu'à suivre les normes qu'imposent les relations des manuscrits entre eux.

Si l'arbre généalogique est à branche unique, c'est-à-dire si tous les types de texte conservés dérivent en droite ligne d'un type plus ancien représenté par un des manuscrits existants, c'est ce manuscrit qui doit être suivi de préférence à tous les autres, sauf bien entendu dans ses particularités de manuscrit plus ou moins correct, ce qui donne lieu souvent à des problèmes, car le classement ne supprime pas tous les problèmes : il aide seulement à les circonscrire sur des données objectives et souvent à les résoudre.

Si l'arbre généalogique est à deux rameaux, les problèmes abondent encore, et l'éditeur doit choisir entre les leçons rivales que lui proposent les deux familles dérivées; mais là encore, le classement circonscrit les possibilités et les réduit aux leçons données par les deux types les plus voisins de l'archétype.

Si, enfin, l'arbre est à trois branches, l'éditeur se voit dans l'heureuse nécessité de choisir la leçon donnée par deux des types supérieurs contre le troisième. Et, de grâce, n'appelons pas cela un principe majoritaire : ce n'est pas le nombre, mais la logique même qui veut que l'erreur, lorsqu'elle s'introduit à partir de l'archétype, ne s'introduise pas d'ordinaire simultanément dans deux des types dérivés, mais soit restreinte à un seul. Si donc on veut reconstituer l'archétype d'une tradition à trois branches, il faut, dans chacun des cas où les manuscrits présentent des variantes, choisir la leçon donnée par les types supérieurs les plus proches de lui, même s'ils ont contre eux la majorité des autres manuscrits et, dans les cas où ils ne sont pas eux-même d'accord, dans deux d'entre eux contre le troisième isolé. Mais, encore une fois, rien ici n'est nouveau; nous sommes désormais dans une région de l'ecdotique où les règles sont communes, que le classement des manuscrits ait été obtenu par la méthode historique, par la méthode philologique ou par la nôtre, et c'est ici qu'il faut recourir aux principes posés par le grand critique qu'a été Louis Havet. Son *Manuel de critique verbale* ne nous aidera pas seulement à apprécier les formes diverses issues de l'archétype de votre tradition manuscrite, il nous enseignera à remonter plus haut encore et à partir des erreurs mêmes de cet archétype pour reconstruire l'original tel qu'il a dû sortir de la plume de l'auteur.

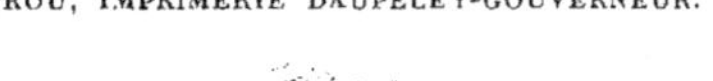

NOGENT-LE-ROTROU, IMPRIMERIE DAUPELEY-GOUVERNEUR.